Dr. Oetker

Blitz Muffins

Dr. Oetker

Blitz Muffins

Dr. Oetker Verlag

Vorwort

Die angelsächsischen Miniküchlein sind ein echter Dauerbrenner im Backofen und zur Zeit in aller Munde. Ob zum Frühstück, zum Kaffeekränzchen, zur Teestunde oder einfach so zwischendurch – Muffins schmecken zu jeder Tages- und Jahreszeit. Darüber hinaus sind sie einfach und schnell zuzubereiten.

In diesem Buch finden Sie die Turbo-Muffins. Stellen Sie zwei Schüsseln bereit: Eine für die trockenen Zutaten, eine für die weichen und flüssigen. Geben Sie beides zusammen und verrühren Sie alles mit einem Schneebesen. Dann ab in die Form und rein in den Backofen.

Köstliche Rezeptideen wie z. B. Dinkel-Nuss-Muffins, Mango-Maracuja-Muffins, Sesam-Muffins mit Aprikosen und Malzbier-Muffins werden Sie überraschen. Überzeugen Sie sich, wie köstlich und abwechslungsreich Muffins schmecken können.

Alle Rezepte sind von Dr. Oetker wie immer nachgebacken und so beschrieben, dass sie Ihnen gelingen.

Zubereitungszeit: 25 Minuten, ohne Abkühl- und Kühlzeit
Backzeit: etwa 25 Minuten

12 Stück • Pro Stück:
E: 6 g, F: 22 g, Kh: 25 g, kJ: 1294, kcal: 309, BE: 2,0

Maulwurf-Muffins

Für Gäste – etwas Besonderes

Für den Teig: 100 g Weizenmehl • 100 g gemahlene Haselnusskerne • 20 g gesiebtes Kakaopulver • 3 gestr. TL Dr. Oetker Backin • 1 Prise Salz • 120 g Zucker • 1 Pck. Dr. Oetker Vanillin-Zucker • 80 ml Milch • 100 ml neutrales Speiseöl • 2 Eier (Größe M)
Für die Füllung: 200 g Schlagsahne • 2 TL Puderzucker • 250 g Rote Grütze (aus dem Kühlregal)
Zum Bestreuen: 1–2 EL Kakaopulver

1. Den Backofen vorheizen.
Ober-/Unterhitze: etwa 180 °C
Heißluft: etwa 160 °C

2. Für den Teig Mehl, Haselnusskerne, Kakao, Backpulver, Salz, Zucker und Vanillin-Zucker in einer Rührschüssel mit einem Schneebesen verrühren. Milch, Speiseöl und Eier in einem Rührbecher mit dem Schneebesen glatt rühren. Die flüssigen Zutaten zu der Mehl-Nuss-Mischung in die Rührschüssel geben und zu einem glatten Teig verrühren.

3. Den Teig in eine Muffinform (für 12 Muffins, gefettet, gemehlt) geben. Die Form auf dem Rost in den vorgeheizten Backofen schieben. Muffins **etwa 25 Minuten backen.**

4. Die Form auf einen Kuchenrost stellen. Muffins etwa 5 Minuten in der Form abkühlen lassen, dann aus der Form lösen und auf dem Kuchenrost erkalten lassen.

5. Jeden Muffin etwas aushöhlen, dabei rundherum einen etwa 1 cm breiten Rand stehen lassen. Gebäckbrocken fein zerbröseln.

6. Für die Füllung Sahne mit Puderzucker steif schlagen. Zwei Drittel der Gebäckbrösel unterrühren. Nacheinander Rote Grütze und Bröselsahne in die Muffins füllen. Mit den restlichen Bröseln und Kakao bestreuen. Evtl. kalt stellen.

Zubereitungszeit: 25 Minuten, ohne Abkühlzeit
Backzeit: etwa 25 Minuten

12 Stück • Pro Stück:
E: 3 g, F: 15 g, Kh: 28 g, kJ: 1077, kcal: 257, BE: 2,5

Macadamia-Muffins
Etwas Besonderes

Für den Teig: 100 g Macadamianusskerne, leicht gesalzen und geröstet • 50 g Speisestärke • 150 g Weizenmehl • 2 gestr. TL Dr. Oetker Backin • 100 g Zucker • 1 Pck. Dr. Oetker Bourbon-Vanille-Zucker • 150 ml Buttermilch • 100 ml neutrales Speiseöl • 1 Ei (Größe M)
Zum Verzieren: 6 Belegkirschen (etwa 20 g) • 50 g Puderzucker • 1 EL Zitronensaft
Außerdem: 12 Papierbackförmchen

1. Den Backofen vorheizen.
Ober-/Unterhitze: etwa 180 °C
Heißluft: etwa 160 °C

2. Für den Teig Macadamianusskerne fein hacken (Blitzhacker oder Universalzerkleinerer) und in eine Rührschüssel geben. Speisestärke, Mehl, Backpulver, Zucker, Vanille-Zucker und gehackte Macadamianusskerne hinzufügen, mit einem Schneebesen verrühren.

3. Buttermilch, Speiseöl und Ei in einem Rührbecher mit dem Schneebesen verrühren. Die flüssigen Zutaten zu der Mehl-Nuss-Mischung in die Rührschüssel geben und zu einem glatten Teig verrühren.

4. Den Teig in eine Muffinform (für 12 Muffins, mit Papierbackförmchen ausgelegt) füllen. Die Form auf dem Rost in den vorgeheizten Backofen schieben. Muffins **etwa 25 Minuten backen.**

5. Die Form auf einen Kuchenrost stellen. Muffins etwa 5 Minuten in der Form abkühlen lassen, dann aus der Form nehmen und auf dem Kuchenrost erkalten lassen.

6. Zum Verzieren Belegkirschen halbieren. Puderzucker und Zitronensaft mit einem Löffel zu einem glatten Guss verrühren. Den Guss mit einem Teelöffel auf die Muffins geben. Die Muffins mit je einer halbierten Belegkirsche garnieren. Den Guss trocknen lassen.

Tipp: Die Belegkirschen lassen sich besser schneiden, wenn die Messerklinge vorher mit etwas Speiseöl eingestrichen oder kalt abgespült wird.

Zubereitungszeit: 25 Minuten, ohne Ruhe- und Abkühlzeit
Backzeit: etwa 30 Minuten

12 Stück • Pro Stück:
E: 2 g, F: 12 g, Kh: 35 g, kJ: 1062, kcal: 254, BE: 3,0

Buchweizen-Beeren-Muffins
Glutenfrei

Zutaten: 300 g TK-Gemischte Beeren • 150 g Buchweizenmehl • 100 g Maisstärke • 3 gestr. TL Dr. Oetker Backin • 1 Prise Salz • 130 g brauner Zucker (Rohrzucker) • ½ Pck. Dr. Oetker Bourbon-Vanille-Zucker • 200 g saure Sahne • 1 Ei (Größe M) • 100 ml neutrales Speiseöl, z. B. Sonnenblumenkernöl
Zum Bestreuen: 30 g Buchweizenkörner • 30 g brauner Zucker (Rohrzucker)

1. Den Backofen vorheizen.
Ober-/Unterhitze: etwa 180 °C
Heißluft: etwa 160 °C

2. Von den gefrorenen Beeren sehr große Beeren aussortieren, etwas antauen lassen. Mehl, Maisstärke, Backpulver, Salz, Zucker und Vanille-Zucker in eine Rührschüssel geben, mit einem Schneebesen verrühren.

3. Saure Sahne, Ei und Speiseöl in einem Rührbecher mit dem Schneebesen verrühren. Die flüssigen Zutaten zu der Mehlmischung in die Rührschüssel geben und zu einem glatten Teig verrühren. Den Teig etwa 5 Minuten stehen lassen.

4. In der Zwischenzeit die angetauten Beeren grob hacken. Zum Bestreuen Buchweizenkörner und Zucker mischen.

5. Die Hälfte des Teiges in eine Muffinform (für 12 Muffins, gefettet, gemehlt) geben und mit der Hälfte der Beeren (möglichst mit den gehackten Beeren) belegen. Restlichen Teig daraufgeben. Restliche gefrorene Beeren darauf verteilen. Mit der Körner-Zucker-Mischung bestreuen. Die Form auf dem Rost in den vorgeheizten Backofen schieben. Muffins **etwa 30 Minuten backen.**

6. Die Form auf einen Kuchenrost stellen. Muffins etwa 5 Minuten in der Form abkühlen lassen, dann aus der Form lösen und auf dem Kuchenrost erkalten lassen.

Tipp: Sollen die Muffins glutenfrei sein, auch zum Ausstreuen der Form unbedingt Buchweizenmehl oder Papierbackförmchen verwenden.

Falls Sie nur Buchweizenmehl verwenden möchten, nehmen Sie nur 150 g saure Sahne und geben 5 Esslöffel Buttermilch hinzu.

Zubereitungszeit: 20 Minuten, ohne Abkühlzeit
Backzeit: etwa 30 Minuten

12 Stück • Pro Stück:
E: 4 g, F: 13 g, Kh: 30 g, kJ: 1038, kcal: 248, BE: 2,5

Ananas-Muffins
Raffiniert

Für den Teig: 100 g Marzipan-Rohmasse • 150 g Weizenmehl • 2 gestr. TL Dr. Oetker Backin • 100 g Zucker • 1 Pck. Dr. Oetker Vanillin-Zucker • 70 ml Milch • 80 ml neutrales Speiseöl, z. B. Sonnenblumenöl • 2 Eier (Größe M)
Für den Belag: 400 g abgetropfte Ananasscheiben (12 Scheiben, aus der Dose)
Zum Bestreuen: 1 EL Kokosraspel
Zum Bestäuben: Puderzucker

1. Den Backofen vorheizen.
Ober-/Unterhitze: etwa 180 °C
Heißluft: etwa 160 °C

2. Für den Teig Marzipan-Rohmasse auf der groben Seite der Haushaltsreibe raspeln und in eine Rührschüssel geben. Mehl, Backpulver, Zucker und Vanillin-Zucker hinzufügen, mit einem Schneebesen verrühren.

3. Milch, Speiseöl und Eier in einem Rührbecher mit dem Schneebesen verrühren.

4. Die flüssigen Zutaten zu der Marzipan-Mehl-Mischung in die Rührschüssel geben und zu einem glatten Teig verrühren.

5. Den Teig in ein Muffinform (für 12 Muffins, gefettet, gemehlt) füllen. Die Ananasscheiben, leicht nach oben gewölbt, darauflegen und mit Kokosraspeln bestreuen. Die Form auf dem Rost in den vorgeheizten Backofen schieben. Die Muffins **etwa 30 Minuten backen.**

6. Die Form auf einen Kuchenrost stellen. Die Muffins etwa 5 Minuten in der Form abkühlen lassen, dann aus der Form lösen und auf den Kuchenrost setzen. Muffins mit Puderzucker bestäuben und erkalten lassen.

Zubereitungszeit: 25 Minuten, ohne Abkühlzeit
Backzeit: etwa 25 Minuten

12 Stück • Pro Stück:
E: 4 g, F: 22 g, Kh: 26 g, kJ: 1321, kcal: 316, BE: 2,0

Helle Schoko-Minz-Muffins
Etwas Besonderes

Zum Vorbereiten: 100 g weiße Schokolade • 50 ml kochend heißes Wasser • 50 g geröstete, gesalzene Macadamia-Nusskerne
Für den Teig: 150 g Weizenmehl • 2 gestr. TL Dr. Oetker Backin • 100 g Zucker • 50 g Joghurt (3,5 % Fett) • 100 ml neutrales Speiseöl, z. B. Sonnenblumenöl • 2 Eier (Größe M)
Für den Belag: 50 Joghurt • 150 g Mascarpone (ital. Frischkäse) • 2 TL Puderzucker • einige Tropfen grüne Lebensmittelfarbe • 2–3 Tropfen Minzöl (erhältlich in der Apotheke)
Zum Bestreuen: etwas weiße, geraspelte Schokolade

1. Zum Vorbereiten Schokolade fein hacken, in einen Rührbecher geben. Heißes Wasser auf die Schokolade geben, kurz stehen lassen und glatt rühren. Nusskerne sehr fein hacken.

2. Den Backofen vorheizen.
Ober-/Unterhitze: etwa 180 °C
Heißluft: etwa 160 °C

3. Für den Teig Mehl, Backpulver, Zucker und gehackte Nusskerne in einer Rührschüssel mit einem Schneebesen verrühren. Joghurt, Öl und Eier zu der geschmolzenen Schokolade geben, mit dem Schneebesen verrühren. Die flüssigen Zutaten zu der Mehlmischung in die Rührschüssel geben und zu einem glatten Teig verrühren.

4. Den Teig in eine Muffinform (für 12 Muffins, gefettet, gemehlt) geben. Die Form auf dem Rost in den vorgeheizten Backofen schieben. Muffins **etwa 25 Minuten backen.**

5. Die Form auf einen Kuchenrost stellen. Muffins etwa 5 Minuten stehen lassen, dann aus der Form lösen und auf dem Kuchenrost erkalten lassen.

6. Für den Belag Joghurt, Mascarpone, Puderzucker und Lebensmittelfarbe mit einem Schneebesen glatt rühren. Mit Minzöl abschmecken. Den Belag auf den Muffins verteilen. Mit Schokolade bestreuen.

Tipp: Die Muffins zusätzlich mit Schokoröllchen garnieren.

Zubereitungszeit: 25 Minuten, ohne Abkühlzeit
Backzeit: etwa 25 Minuten

12 Stück • Pro Stück:
E: 4 g, F: 11 g, Kh: 26 g, kJ: 904, kcal: 216, BE: 2,0

Nektarinen-Muffins
Für Kinder

Für den Belag: 1–2 Nektarinen
Für den Teig: 180 g Weizenmehl • 2 gestr. TL Dr. Oetker Backin • 100 g Zucker • 1 Pck. Dr. Oetker Vanillin-Zucker • 50 g Vollmilch-Raspelschokolade • 150 g saure Sahne (10 % Fett) • 80 ml neutrales Speiseöl • 2 Eier (Größe M)
Zum Bestäuben: 1 EL Puderzucker

1. Den Backofen vorheizen.
Ober-/Unterhitze: etwa 180 °C
Heißluft: etwa 160 °C

2. Für den Belag Nektarinen heiß abspülen, trocken tupfen, halbieren und entsteinen. Nektarinenhälften in dünne Spalten schneiden.

3. Für den Teig Mehl, Backpulver, Zucker, Vanillin-Zucker und Raspelschokolade in einer Rührschüssel mit einem Schneebesen verrühren.

4. Saure Sahne, Speiseöl und Eier in einem Rührbecher mit dem Schneebesen verrühren. Die flüssigen Zutaten zu der Mehl-Schokoladen-Mischung in die Rührschüssel geben und zu einem glatten Teig verrühren.

5. Den Teig in eine Muffinform (für 12 Muffins, gefettet, gemehlt) füllen. Die Nektarinenspalten fächerartig auf dem Teig verteilen. Die Form auf dem Rost in den vorgeheizten Backofen schieben. Muffins **etwa 25 Minuten backen.**

6. Die Form auf einen Kuchenrost stellen. Muffins etwa 5 Minuten in der Form abkühlen lassen, dann aus der Form lösen und auf dem Kuchenrost erkalten lassen.

7. Die Muffins vor dem Servieren mit Puderzucker bestäuben.

Tipp: Statt Nektarinen können Sie auch 250 g abgetropfte, in Spalten geschnittene Pfirsichhälften (aus der Dose) verwenden.

Zubereitungszeit: 20 Minuten, ohne Abkühlzeit
Backzeit: etwa 25 Minuten

12 Stück • Pro Stück:
E: 4 g, F: 13 g, Kh: 29 g, kJ: 1054, kcal: 252, BE: 2,5

Sesam-Muffins mit Aprikosen

Raffiniert

Zutaten: 50 g Sesamsamen, geschält • 100 g Soft-Aprikosen • 180 g Weizenmehl • 3 gestr. TL Dr. Oetker Backin • 1 Prise Salz • 120 g brauner Zucker (Rohrzucker) • 1 Pck. Dr. Oetker Vanillin-Zucker • 150 g Joghurt (1,5 % Fett) • 50 ml Milch • 100 ml Speiseöl, z. B. Sonnenblumenöl • 1 Ei (Größe M)
Zum Bestreuen: 20 g Sesamsamen, geschält • 1–2 EL brauner Zucker (Rohrzucker)

1. Den Backofen vorheizen.
Ober-/Unterhitze: etwa 180 °C
Heißluft: etwa 160 °C

2. Sesam in einer Pfanne ohne Fett unter Rühren goldbraun rösten, herausnehmen, auf einen Teller geben und erkalten lassen. Aprikosen in sehr kleine Würfel schneiden.

3. Mehl, Backpulver, gerösteten Sesam, Salz, Zucker und Vanillin-Zucker in einer Rührschüssel mit einem Schneebesen verrühren.

4. Joghurt, Milch, Speiseöl und Ei in einem Rührbecher mit einem Schneebesen verrühren. Die flüssigen Zutaten zu der Sesam-Mehl-Mischung in die Rührschüssel geben und zu einem glatten Teig verrühren. Aprikosenwürfel kurz unterheben.

5. Den Teig in eine Muffinform (für 12 Muffins, gefettet, gemehlt) geben und glatt streichen. Zuerst Sesam, dann Zucker auf den Teig streuen. Die Form auf dem Rost in den vorgeheizten Backofen schieben. Sesammuffins **etwa 25 Minuten backen.**

6. Die Form auf einen Kuchenrost stellen. Muffins etwa 5 Minuten in der Form abkühlen lassen, dann vorsichtig aus der Form lösen und auf dem Kuchenrost erkalten lassen.

Tipps: Geschälte Sesamsamen erhalten Sie in Asia- und Bio-Läden. Durch das Rösten wird der Geschmack noch intensiver. Die Bio-Abteilungen der Supermärkte bieten meistens ungeschälten Sesam an.

Zubereitungszeit: 25 Minuten, ohne Abkühlzeit
Backzeit: etwa 25 Minuten

12 Stück • Pro Stück:
E: 3 g, F: 14 g, Kh: 20 g, kJ: 932, kcal: 223, BE: 1,5

Mandel-Weintrauben-Muffins
Einfach

Für den Belag: 250 g blaue, kernlose Weintrauben
Für den Teig: 100 g Weizenmehl • 2 gestr. TL Dr. Oetker Backin • 100 g abgezogene, gemahlene Mandeln • 100 g Zucker • 1 Pck. Dr. Oetker Vanillin-Zucker • 100 ml Buttermilch • 100 ml neutrales Speiseöl • einige Tropfen Bittermandel-Aroma (aus dem Röhrchen) • 1 Ei (Größe M)
Zum Bestäuben: 1 EL Puderzucker

1. Den Backofen vorheizen.
Ober-/Unterhitze: etwa 180 °C
Heißluft: etwa 160 °C

2. Für den Belag Weintrauben abspülen, trocken tupfen und entstielen. Weintrauben der Länge nach durchschneiden.

3. Für den Teig Mehl, Backpulver, Mandeln, Zucker und Vanillin-Zucker in einer Rührschüssel mit einem Schneebesen verrühren.

4. Buttermilch, Speiseöl, Bittermandel-Aroma und Ei in einem Rührbecher mit dem Schneebesen verrühren. Die flüssigen Zutaten zu der Mehl-Mandel-Mischung in die Rührschüssel geben und zu einem glatten Teig verrühren.

5. Den Teig in eine Muffinform (für 12 Muffins, gefettet, gemehlt) füllen.

6. Weintraubenhälften auf dem Teig verteilen und leicht eindrücken. Die Form auf dem Rost in den vorgeheizten Backofen schieben. Muffins **etwa 25 Minuten backen.**

7. Die Form auf einen Kuchenrost stellen. Muffins etwa 5 Minuten in der Form abkühlen lassen, dann aus der Form lösen und auf dem Kuchenrost erkalten lassen.

8. Die Muffins mit Puderzucker bestäuben.

Zubereitungszeit: 25 Minuten, ohne Abkühlzeit
Backzeit: etwa 25 Minuten

12 Stück • Pro Stück:
E: 5 g, F: 16 g, Kh: 27 g, kJ: 1155, kcal: 276, BE: 2,5

Walnuss-Muffins mit Ahornsirup

Raffiniert

Zum Vorbereiten: 100 g Walnusskerne
Für den Teig: 50 g Vollkorn-Weizenmehl • 150 g Weizenmehl • 3 gestr. TL Dr. Oetker Backin • 1 Prise Salz • 100 brauner Zucker (Rohrzucker) • 1 Pck. Dr. Oetker Vanillin-Zucker • 150 ml Buttermilch • 80 ml neutrales Speiseöl, z. B. Sonnenblumenöl • 2 Eier (Größe M)
Zum Garnieren und Bestreichen: 12 Walnusskerne • 80 ml Ahornsirup (Grad A)
Außerdem: Holzstäbchen (Schaschlikstäbchen)

1. Zum Vorbereiten Walnusskerne sehr fein hacken, evtl. in einem Blitzhacker oder Universalzerkleinerer.

2. Den Backofen vorheizen.
Ober-/Unterhitze: etwa 180 °C
Heißluft: etwa 160 °C

3. Für den Teig beide Mehlsorten, Backpulver, Salz, Zucker, Vanillin-Zucker und gehackte Walnusskerne in einer Rührschüssel mit einem Schneebesen verrühren.

4. Buttermilch, Speiseöl und Eier in einem Rührbecher mit einem Schneebesen glatt rühren. Die flüssigen Zutaten zu der Mehl-Walnusskern-Mischung in die Rührschüssel geben und zu einem glatten Teig verrühren.

5. Den Teig in eine Muffinform (für 12 Muffins, gefettet, gemehlt) geben. Zum Garnieren Walnusskerne auf dem Teig verteilen.

6. Die Form auf dem Rost in den vorgeheizten Backofen schieben. Muffins **etwa 25 Minuten backen.**

7. Die Form auf einen Kuchenrost stellen. Die heißen Muffins sofort mit einem Holzstäbchen jeweils um die Nusshälften herum mehrmals einstechen und mit Ahornsirup bestreichen. Muffins aus der Form nehmen, sobald der Sirup aufgesogen ist, und auf dem Kuchenrost erkalten lassen.

Zubereitungszeit: 25 Minuten, ohne Abkühlzeit
Backzeit: etwa 25 Minuten

12 Stück • Pro Stück:
E: 4 g, F: 12 g, Kh: 27 g, kJ: 972, kcal: 232, BE: 2,0

Flocken-Muffins mit Pflaumen

Für Gäste

Für den Teig: 100 g Weizenmehl • 50 g Haferflocken, blütenzart • 50 g abgezogene, gemahlene Mandeln • 2 gestr. TL Dr. Oetker Backin • 130 g Zucker • 1 Pck. Dr. Oetker Vanillin-Zucker • 100 ml Milch • 80 ml neutrales Speiseöl • einige Tropfen Bittermandel-Aroma (aus dem Röhrchen) • 2 Eier (Größe M)
Für die Füllung: 12 entsteinte Soft-Trockenpflaumen • 50 g Marzipan-Rohmasse
Zum Bestäuben: 1 EL Puderzucker
Außerdem: 12 Papierbackförmchen

1. Den Backofen vorheizen.
Ober-/Unterhitze: etwa 180 °C
Heißluft: etwa 160 °C

2. Für den Teig Mehl, Haferflocken, Mandeln, Backpulver, Zucker und Vanillin-Zucker in einer Rührschüssel mit einem Schneebesen verrühren. Milch, Speiseöl, Bittermandel-Aroma und Eier in einem Rührbecher mit dem Schneebesen verrühren. Die flüssigen Zutaten zu der Mehl-Mandel-Mischung in die Rührschüssel geben und zu einem glatten Teig verrühren.

3. Den Teig in eine Muffinform (für 12 Muffins, mit Papierbackförmchen ausgelegt) füllen. Die Form auf dem Rost in den vorgeheizten Backofen schieben. Muffins **etwa 10 Minuten vorbacken.**

4. In der Zwischenzeit für die Füllung Pflaumen der Länge nach tief einschneiden. Aus der Marzipan-Rohmasse 12 kleine Rollen formen und in die Pflaumen stecken. Gefüllte Pflaumen auf die vorgebackenen Muffins legen. Muffins **bei gleicher Backofentemperatur weitere etwa 15 Minuten backen.**

5. Die Form auf einen Kuchenrost stellen. Die Muffins etwa 5 Minuten in der Form abkühlen lassen, dann aus der Form nehmen und auf dem Kuchenrost erkalten lassen. Muffins mit Puderzucker bestäuben.

Zubereitungszeit: 25 Minuten, ohne Abkühlzeit
Backzeit: etwa 25 Minuten

12 Stück • Pro Stück:
E: 3 g, F: 10 g, Kh: 27 g, kJ: 912, kcal: 218, BE: 2,5

Bananen-Rum-Muffins
Mit Alkohol

Für den Teig: 170 g Weizenmehl • 30 g Weichweizengrieß • 3 gestr. TL Dr. Oetker Backin • 1 Prise Salz • 120 g brauner Zucker (Rohrzucker) • 1 Pck. Dr. Oetker Vanillin-Zucker • 2 reife Bananen (etwa 300 g) • 100 g Schlagsahne • 50 ml brauner Rum (40 Vol.-%) • 70 ml neutrales Speiseöl, z. B. Sonnenblumenöl • 1 Ei (Größe M)
Außerdem: 12 Papierbackförmchen

1. Den Backofen vorheizen.
Ober-/Unterhitze: etwa 180 °C
Heißluft: etwa 160 °C

2. Für den Teig Mehl, Weichweizengrieß, Backpulver, Salz, Zucker und Vanillin-Zucker in einer Rührschüssel mit einem Schneebesen verrühren.

3. Bananen schälen, mit einer Gabel zu einem Brei zerdrücken. Bananenbrei, Sahne, Rum, Speiseöl und Ei in einem Rührbecher mit dem Schneebesen verrühren. Die flüssigen Zutaten zu der Mehl-Grieß-Mischung in die Rührschüssel geben, zu einem glatten Teig verrühren.

4. Den Teig in eine Muffinform (für 12 Muffins, mit Papierbackförmchen ausgelegt) geben. Die Form auf dem Rost in den vorgeheizten Backofen schieben. Muffins **etwa 25 Minuten backen.**

5. Die Form auf einen Kuchenrost stellen. Muffins etwa 5 Minuten in der Form abkühlen lassen, dann aus der Form lösen und auf dem Kuchenrost erkalten lassen.

Tipps: Statt Rum können Sie auch Weinbrand verwenden. Wer auf Alkohol verzichten möchte, kann den Rum durch Buttermilch ersetzen.

Die Muffins nach Belieben mit Puderzucker bestäuben oder, wenn die Muffins noch warm sind, kleine Schokobananen oder Schokostücke darauflegen. Sie kleben fest, wenn die Muffins erkaltet sind.

Zubereitungszeit: 25 Minuten, ohne Abkühlzeit
Backzeit: etwa 25 Minuten

12 Stück • Pro Stück:
E: 3 g, F: 10 g, Kh: 39 g, kJ: 1069, kcal: 255, BE: 3,0

Fruchtmark-Muffins
Laktosefrei

Zum Vorbereiten: 1 Bio-Zitrone (unbehandelt, ungewachst)
Für den Teig: 250 g Weizenmehl • 3 gestr. TL Dr. Oetker Backin • 1 Prise Salz • 120 g Zucker • 250 ml (¼ l) Smoothie, Fruchtmark und -saft aus Erdbeeren, Bananen, Äpfeln (aus dem Kühlregal) • 100 ml neutrales Speiseöl, z. B. Maiskeimöl • 1 Ei (Größe M)
Zum Garnieren: 6 Erdbeeren (etwa 80 g) • 120 g Puderzucker • 1–2 EL Zitronensaft (von der Bio-Zitrone)

1. Zum Vorbereiten Zitrone heiß abwaschen, abtrocknen und die Schale fein abreiben. Zitrone halbieren und den Saft auspressen. Von dem Zitronensaft 1–2 Esslöffel abmessen und für den Guss beiseitestellen.

2. Den Backofen vorheizen.
Ober-/Unterhitze: etwa 180 °C
Heißluft: etwa 160 °C

3. Für den Teig Mehl, Backpulver, Salz, Zitronenschale und Zucker in einer Rührschüssel mit einem Schneebesen verrühren.

4. Fruchtmark, Speiseöl und Ei in einem Rührbecher mit dem Schneebesen verrühren. Die flüssigen Zutaten zu der Mehlmischung in die Rührschüssel geben und zu einem glatten Teig verrühren. Den Teig in eine Muffinform (für 12 Muffins, mit lactosefreiem Fett gefettet, gemehlt) geben und glatt streichen. Die Form auf dem Rost in den vorgeheizten Backofen schieben. Muffins **etwa 25 Minuten backen.**

5. Die Form auf einen Kuchenrost stellen. Muffins etwa 5 Minuten in der Form abkühlen lassen, dann aus der Form lösen und auf dem Kuchenrost erkalten lassen.

6. Zum Garnieren Erdbeeren abspülen, trocken tupfen, entstielen und vierteln. Puderzucker und Zitronensaft zu einem dicken Guss verrühren, auf die Muffins verteilen und mit den Erdbeervierteln belegen. Guss fest werden lassen.

Zubereitungszeit: 25 Minuten, ohne Abkühlzeit
Backzeit: etwa 20 Minuten

12 Stück • Pro Stück:
E: 3 g, F: 7 g, Kh: 39 g, kJ: 981, kcal: 234, BE: 3,0

Malzbier-Muffins mit Trockenpflaumen

Etwas Besonderes

Für den Teig: 100 g Trockenpflaumen, ohne Stein • 180 g Weizenmehl • 2 gestr. TL Dr. Oetker Backin • ½ gestr. TL gemahlener Zimt • 120 g brauner Zucker (Rohrzucker) • 1 Pck. Dr. Oetker Bourbon-Vanille-Zucker • 150 ml Malzbier • 70 ml neutrales Speiseöl • 1 Ei (Größe M)
Zum Verzieren: etwa 50 g Trockenpflaumen, ohne Stein • 100 g Puderzucker • 2 EL Zitronensaft

1. Den Backofen vorheizen.
Ober-/Unterhitze: etwa 180 °C
Heißluft: etwa 160 °C

2. Für den Teig Trockenpflaumen in kleine Würfel schneiden. Mehl, Backpulver, Zimt, Zucker und Vanille-Zucker in einer Rührschüssel mit einem Schneebesen verrühren. Malzbier, Speiseöl und Ei in einem Rührbecher mit dem Schneebesen verrühren.

3. Die flüssigen Zutaten zu der Mehlmischung in die Rührschüssel geben und zu einem glatten Teig verrühren. Pflaumenwürfel mit einem Löffel unterrühren.

4. Den Teig in eine Muffinform (für 12 Muffins, gefettet, gemehlt) füllen. Die Form auf dem Rost in den vorgeheizten Backofen schieben. Muffins **etwa 20 Minuten backen.**

5. Die Form auf einen Kuchenrost stellen. Muffins etwa 5 Minuten in der Form abkühlen lassen, dann aus der Form lösen und auf dem Kuchenrost erkalten lassen.

6. Zum Verzieren Pflaumen klein schneiden. Puderzucker und Zitronensaft zu einem dickflüssigen Guss verrühren. Zwei Drittel davon auf den Muffins verteilen. Pflaumenstücke in dem restlichen Guss wenden und auf den Muffins verteilen. Guss trocknen lassen.

Tipp: Für einen dunklen Guss statt Zitronensaft Malzbier verwenden.

Zubereitungszeit: 25 Minuten, ohne Abkühlzeit
Backzeit: etwa 30 Minuten

12 Stück • Pro Stück:
E: 4 g, F: 14 g, Kh: 33 g, kJ: 1143, kcal: 273, BE: 2,5

Gefüllte Vollkorn-Muffins

Fruchtig

Für den Teig: 220 g Vollkorn-Weizenmehl • 3 gestr. TL Dr. Oetker Backin • 1 Prise Salz • 130 g brauner Zucker (Rohrzucker) • 1 Pck. Dr. Oetker Bourbon-Vanille-Zucker • 200 ml Buttermilch • 100 ml neutrales Speiseöl, z. B. Sonnenblumenöl • 2 Eier (Größe M)
Für die Füllung: 200 g Schmand (24 % Fett, Sauerrahm) • 150 g Kirsch- oder Beerenkonfitüre
Zum Bestäuben: Puderzucker

1. Den Backofen vorheizen.
Ober-/Unterhitze: etwa 180 °C
Heißluft: etwa 160 °C

2. Für den Teig Mehl, Backpulver, Salz, Zucker und Vanille-Zucker in eine Rührschüssel geben und mit einem Schneebesen verrühren.

3. Buttermilch, Speiseöl und Eier in einem Rührbecher mit dem Schneebesen verrühren. Die flüssigen Zutaten zu der Mehlmischung in die Rührschüssel geben und zu einem glatten Teig verrühren.

4. Den Teig in eine Muffinform (für 12 Muffins, gefettet, gemehlt) geben. Die Form auf dem Rost in den vorgeheizten Backofen schieben. Muffins **etwa 30 Minuten backen.**

5. Die Form auf einen Kuchenrost stellen. Muffins etwa 5 Minuten in der Form stehen lassen, dann aus der Form lösen und auf dem Kuchenrost erkalten lassen. Muffins waagerecht halbieren.

6. Für die Füllung Schmand glatt rühren. Die unteren Muffinhälften zunächst mit je 1 Esslöffel Schmand bestreichen. Anschließend 1–2 Teelöffel Konfitüre daraufgeben. Mit den oberen Muffinhälften belegen und mit Puderzucker bestäuben.

Tipp: Zum Füllen können Sie auch Apfelkompott oder eine andere Konfitüre, Marmelade oder Zwetschgenmus verwenden.

Zubereitungszeit: 25 Minuten, ohne Abkühlzeit
Backzeit: etwa 30 Minuten

12 Stück • Pro Stück:
E: 3 g, F: 13 g, Kh: 33 g, kJ: 1093, kcal: 261, BE: 3,0

Apfelmus-Rosinen-Muffins

Einfach – schnell gemacht

Für den Teig: 170 g Weizenmehl • 30 g Weichweizengrieß • 3 gestr. TL Dr. Oetker Backin • 1 Prise Salz • 120 g Zucker • 1 Pck. Dr. Oetker Vanillin-Zucker • 250 g Apfelmus (aus dem Glas) • 50 ml Buttermilch • 100 ml neutrales Speiseöl, z. B. Sonnenblumenöl • 1 Ei (Größe M) • 70 g Rosinen
Für den Belag: 150 g Schmand (24 % Fett, Sauerrahm) • 20 g Apfelchips (erhältlich in Bioläden oder bei Obsthändlern) • 1 EL Puderzucker

1. Den Backofen vorheizen.
Ober-/Unterhitze: etwa 180 °C
Heißluft: etwa 160 °C

2. Für den Teig Mehl, Weichweizengrieß, Backpulver, Salz, Zucker und Vanillin-Zucker in einer Rührschüssel mit einem Schneebesen verrühren.

3. Apfelmus mit Buttermilch, Speiseöl und Ei in einem Rührbecher mit dem Schneebesen verrühren. Die flüssigen Zutaten zu der Mehl-Grieß-Mischung in die Rührschüssel geben und zu einem glatten Teig verrühren. Rosinen unterrühren.

4. Den Teig in eine Muffinform (für 12 Muffins, gefettet, gemehlt) geben. Die Form auf dem Rost in den vorgeheizten Backofen schieben. Muffins **etwa 30 Minuten backen.**

5. Die Form auf einen Kuchenrost stellen. Muffins etwa 5 Minuten in der Form abkühlen lassen, dann aus der Form lösen und auf dem Kuchenrost erkalten lassen.

6. Für den Belag Schmand verrühren und mit einem Teelöffel als breiten Klecks auf die erkalteten Muffins geben. Apfelchips in grobe Stücke brechen und in den Schmand stecken. Mit Puderzucker bestäuben. Muffins sofort servieren.

Tipp: Statt Schmand können Sie auch griechischen Sahnejoghurt (10 % Fett) verwenden.
Abwandlung: Statt Apfelchips Eierlikör auf die Schmandkleckse träufeln **(Titelfoto)**.

Zubereitungszeit: 20 Minuten, ohne Abkühlzeit
Backzeit: etwa 25 Minuten

12 Stück • Pro Stück:
E: 3 g, F: 12 g, Kh: 33 g, kJ: 1066, kcal: 255, BE: 3,0

Limetten-Muffins
Etwas Besonderes

Für den Teig: 1 Bio-Limette (unbehandelt, ungewachst) • 250 g Weizenmehl • 3 gestr. TL Dr. Oetker Backin • 1 Prise Salz • 130 g Zucker • 200 ml Buttermilch • 1 Ei (Größe M) • 125 ml (⅛ l) neutrales Speiseöl, z. B. Sonnenblumenöl
Zum Tränken: Saft von 2 Limetten • 70 g Puderzucker
Außerdem: 1 Holzstäbchen (Schaschlikstäbchen)

1. Den Backofen vorheizen.
Ober-/Unterhitze: etwa 180 °C
Heißluft: etwa 160 °C

2. Für den Teig Limette heiß abwaschen, abtrocknen und die Schale auf der feinen Seite der Haushaltsreibe abreiben.

3. Mehl, Backpulver, Salz und Zucker in einer Rührschüssel mit einem Schneebesen verrühren.

4. Buttermilch, Ei, Speiseöl und Limettenschale in einem Rührbecher mit dem Schneebesen glatt rühren. Die flüssigen Zutaten zu der Mehlmischung in die Rührschüssel geben und zu einem glatten Teig verrühren.

5. Den Teig in eine Muffinform (für 12 Muffins, gefettet, gemehlt) geben. Die Form auf dem Rost in den vorgeheizten Backofen schieben. Muffins **etwa 25 Minuten backen.**

6. Zum Tränken in der Zwischenzeit die Limetten (auch die Bio-Limette) halbieren und den Saft auspressen. Von dem Saft 100 ml abmessen, in eine kleine Schüssel geben und mit Puderzucker glatt rühren.

7. Die Form auf einen Kuchenrost stellen. Sofort nach dem Backen die Muffins mit einem Holzstäbchen mehrmals einstechen und mit dem Limettensaft beträufeln. Wenn der Saft aufgesogen ist, die Muffins aus der Form lösen, auf dem Kuchenrost erkalten lassen.

Tipp: Die Muffins mit gekühltem Sahnejoghurt servieren, das ist an heißen Tagen besonders erfrischend.

Zubereitungszeit: 25 Minuten, ohne Abkühlzeit
Backzeit: etwa 30 Minuten

12 Stück • Pro Stück:
E: 5 g, F: 12 g, Kh: 25 g, kJ: 950, kcal: 227, BE: 2,0

Beeren-Muffins mit Pumpernickel

Raffiniert

Für den Teig: 120 g Pumpernickel • 150 g Weizenmehl • 3 gestr. TL Dr. Oetker Backin • 1 Prise Salz • 120 g brauner Zucker (Rohrzucker) • 70 ml Milch • 100 ml neutrales Speiseöl, z. B. Sonnenblumenöl • 2 Eier (Größe M) • 150 g TK-Gemischte Beeren
Für den Belag: 200 g Frischkäse mit Joghurt (13 % Fett) • 2–3 TL Puderzucker • ½ Pck. Dr. Oetker Finesse Orangenschalen-Aroma
Außerdem: 12 Papierbackförmchen

1. Den Backofen vorheizen.
Ober-/Unterhitze: etwa 180 °C
Heißluft: etwa 160 °C

2. Für den Teig Pumpernickel mit den Händen sehr fein zerbröseln.

3. Mehl mit Backpulver, Salz und Zucker in einer Rührschüssel mit einem Schneebesen verrühren.

4. Milch, Speiseöl und Eier in einem Rührbecher mit dem Schneebesen glatt rühren. Die flüssigen Zutaten zu der Mehlmischung in die Rührschüssel geben und zu einem glatten Teig verrühren. Pumpernickelbrösel und gefrorene Beeren (sehr große Beeren zerkleinern) mit einem Löffel unterrühren.

5. Den Teig in eine Muffinform (für 12 Muffins, mit Papierbackförmchen ausgelegt) füllen. Die Form auf dem Rost in den vorgeheizten Backofen schieben. Muffins **etwa 30 Minuten backen.**

6. Die Form auf einen Kuchenrost stellen. Die Muffins etwa 5 Minuten in der Form stehen lassen, dann aus der Form nehmen und auf dem Kuchenrost erkalten lassen.

7. Für den Belag Frischkäse mit Puderzucker verrühren. Mit einem Löffel je einen Klecks auf die Muffins geben und mit Orangenschalen-Aroma bestreuen. Muffins sofort servieren.

Tipp: Sehr große Beeren können Sie mit der flachen Seite der Klinge eines stabilen Messers zerdrücken.

Zubereitungszeit: 20 Minuten, ohne Abkühlzeit
Backzeit: etwa 20 Minuten

12 Stück • Pro Stück:
E: 5 g, F: 14 g, Kh: 27 g, kJ: 1064, kcal: 254, BE: 2,5

Coca-Cola Muffins mit Erdnüssen*

Raffiniert

Für den Teig: 50 g geröstete, gesalzene Erdnusskerne • 130 g Weizenmehl • 1 gestr. TL Dr. Oetker Backin • 20 g gesiebtes Kakaopulver • 140 g feinster Zucker • 125 ml (⅛ l) Coca-Cola • 100 ml neutrales Speiseöl • 2 Eier (Größe M)
Für den Guss: 70 g Puderzucker • ½ TL Kakaopulver • 2–3 TL Coca-Cola
Zum Bestreuen: 50 g geröstete, gesalzene, gehackte Erdnusskerne
Außerdem: 12 Papierbackförmchen

1. Den Backofen vorheizen.
Ober-/Unterhitze: etwa 180 °C
Heißluft: etwa 160 °C

2. Für den Teig Erdnusskerne sehr fein hacken (Blitzhacker oder Universalzerkleinerer). Mehl, Backpulver, Kakao, Zucker und gehackte Erdnusskerne in einer Rührschüssel mit einem Schneebesen verrühren.

3. Coca-Cola, Speiseöl und Eier in einem Rührbecher mit dem Schneebesen verrühren. Die flüssigen Zutaten zu der Mehl-Nuss-Mischung in die Rührschüssel geben und zu einem glatten Teig verrühren.

4. Den Teig in eine Muffinform (für 12 Muffins, mit Papierbackförmchen ausgelegt) füllen. Die Form auf dem Rost in den vorgeheizten Backofen schieben. Muffins **etwa 20 Minuten backen.**

5. Die Form auf einen Kuchenrost stellen. Muffins etwa 5 Minuten in der Form abkühlen lassen, dann aus der Form nehmen und auf dem Kuchenrost erkalten lassen.

6. Für den Guss Puderzucker und Kakao mischen, mit Coca-Cola zu einem dickflüssigen Guss verrühren. Die Muffins damit bestreichen und mit Erdnusskernen bestreuen. Den Guss trocknen lassen.

Tipps: Die Muffins lassen sich gut verpackt 3–4 Tage aufbewahren.

Für einen herben Zuckerguss Coca-Cola durch Espresso ersetzen.

* Rezept nicht durch Coca-Cola autorisiert.

Zubereitungszeit: 20 Minuten, ohne Abkühlzeit
Backzeit: etwa 25 Minuten

12 Stück • Pro Stück:
E: 5 g, F: 15 g, Kh: 31 g, kJ: 1175, kcal: 281, BE: 2,5

Kirsch-Mandel-Muffins

Für Gäste

Für den Teig: 170 g Weizenmehl • 100 g abgezogene, gemahlene Mandeln • 3 gestr. TL Dr. Oetker Backin • 1 Prise Salz • 120 g brauner Zucker (Rohrzucker) • 150 ml Milch • 1 Ei (Größe M) • 80 ml neutrales Speiseöl, z. B. Maiskeimöl • 350 g abgetropfte Sauerkirschen (aus dem Glas) • etwa 80 g weiße Schokolade (12 kleine Stücke)

1. Den Backofen vorheizen.
Ober-/Unterhitze: etwa 180 °C
Heißluft: etwa 160 °C

2. Für den Teig Mehl, Mandeln, Backpulver, Salz und Zucker in einer Rührschüssel mit einem Schneebesen verrühren.

3. Milch, Ei und Speiseöl in einem Rührbecher mit dem Schneebesen verrühren. Die flüssigen Zutaten zu der Mehl-Mandel-Mischung in die Rührschüssel geben und zu einem glatten Teig verrühren.

4. Die Hälfte des Teiges in eine Muffinform (für 12 Muffins, gefettet, gemehlt) geben. Die Hälfte der Sauerkirschen darauflegen. Restlichen Teig darauf verteilen und die restlichen Kirschen daraufgeben. Die Form auf dem Rost in den vorgeheizten Backofen schieben. Muffins **etwa 25 Minuten backen.**

5. Die Form auf einen Kuchenrost stellen. Muffins etwa 5 Minuten in der Form abkühlen lassen. Die Schokolade in kleine Stücke schneiden. Die Muffins aus der Form lösen, auf den Kuchenrost setzen und mit den Schokoladenstückchen belegen. Muffins auf dem Kuchenrost erkalten lassen.

Tipps: Einen feinen Mandelgeschmack erhalten die Muffins, wenn Sie einen Teil des neutralen Speiseöls durch Mandelöl ersetzen. Es ist in Reformhäusern oder Bio-Läden erhältlich.

Wer einen Marzipangeschmack bevorzugt, gibt dem neutralen Speisöl einige Tropfen Bittermandel-Aroma hinzu.

Zubereitungszeit: 25 Minuten, ohne Abkühlzeit
Backzeit: etwa 25 Minuten

12 Stück • Pro Stück:
E: 4 g, F: 14 g, Kh: 24 g, kJ: 993, kcal: 238, BE: 2,0

White-chocolate-Muffins

Für Gäste

Für den Teig: 100 g weiße Schokolade • 50 g Zartbitter-Schokolade • 180 g Weizenmehl • 2 gestr. TL Dr. Oetker Backin • 20 g gesiebtes Kakaopulver • 50 g brauner Zucker (Rohrzucker) • 2 Pck. Dr. Oetker Bourbon-Vanille-Zucker • 150 g Crème fraîche • 70 ml Milch • 50 ml neutrales Speiseöl • 1 Ei (Größe M)
Zum Bestreuen: 20 g gehackte Mandeln
Außerdem: 12 Papierbackförmchen

1. Den Backofen vorheizen.
Ober-/Unterhitze: etwa 180 °C
Heißluft: etwa 160 °C

2. Für den Teig weiße und Zartbitter-Schokolade hacken (Blitzhacker oder Universalzerkleinerer).

3. Mehl, Backpulver, Kakao, Zucker und Vanille-Zucker in einer Rührschüssel mit einem Schneebesen verrühren.

4. Crème fraîche, Milch, Speiseöl und Ei in einem Rührbecher mit dem Schneebesen verrühren. Die flüssigen Zutaten zu der Mehl-Kakao-Mischung in die Rührschüssel geben und zu einem glatten Teig verrühren. Gehackte Schokolade mit einem Löffel unterrühren.

5. Den Teig in eine Muffinform (für 12 Muffins, mit Papierbackförmchen ausgelegt) füllen und mit Mandeln bestreuen. Die Form auf dem Rost in den vorgeheizten Backofen schieben. Muffins **etwa 25 Minuten backen.**

6. Die Form auf einen Kuchenrost stellen. Muffins etwa 5 Minuten in der Form abkühlen lassen, dann aus der Form nehmen und auf dem Kuchenrost erkalten lassen.

Tipp: Falls keine Muffinform vorhanden ist, einfach jeweils 2 Papierbackförmchen ineinanderstellen und auf einem Backblech verteilen.

Zubereitungszeit: 15 Minuten, ohne Abkühlzeit
Backzeit: etwa 25 Minuten

12 Stück • Pro Stück:
E: 4 g, F: 16 g, Kh: 25 g, kJ: 1086, kcal: 259, BE: 2,0

Korinthen-Mandel-Muffins
Klassisch

Für den Teig: 120 g Weizenmehl • 50 g Haferflocken, blütenzart • 100 g nicht abgezogene, gemahlene Mandeln • 3 gestr. TL Dr. Oetker Backin • 1 Prise Salz • 100 g brauner Zucker (Rohrzucker) • 1 Pck. Dr. Oetker Finesse Geriebene Zitronenschale • 150 g saure Sahne • 75 ml Wasser • 1 Ei (Größe M) • 100 ml neutrales Speiseöl, z. B. Sonnenblumenöl • 100 g Korinthen • evtl. Puderzucker

1. Den Backofen vorheizen.
Ober-/Unterhitze: etwa 180 °C
Heißluft: etwa 160 °C

2. Für den Teig Mehl, Haferflocken, Mandeln, Backpulver, Salz, Zucker und Zitronenschale in einer Rührschüssel mit einem Schneebesen verrühren.

3. Saure Sahne, Wasser, Ei und Speiseöl in einem Rührbecher mit dem Schneebesen glatt rühren. Die flüssigen Zutaten zu der Mehl-Mandel-Mischung in die Rührschüssel geben und zu einem glatten Teig verrühren. Korinthen unterheben.

4. Den Teig in eine Muffinform (für 12 Muffins, gefettet, gemehlt) geben und glatt streichen. Die Form auf dem Rost in den vorgeheizten Backofen schieben. Muffins **etwa 25 Minuten backen.**

5. Die Form auf einen Kuchenrost stellen. Muffins etwa 5 Minuten in der Form abkühlen lassen, dann aus der Form lösen und auf dem Kuchenrost erkalten lassen. Die Muffins nach Belieben mit Puderzucker bestäuben.

Tipp: Anstelle der Korinthen können Sie auch 70 g getrocknete Sauerkirschen oder Cranberries verwenden und fein gehackt unter den Teig heben. Diese Trockenfrüchte haben, auch wenn sie gesüßt sind, einen säuerlichen Geschmack.

Zubereitungszeit: 25 Minuten, ohne Abkühlzeit
Backzeit: etwa 25 Minuten

12 Stück • Pro Stück:
E: 5 g, F: 15 g, Kh: 28 g, kJ: 1119, kcal: 267, BE: 2,5

Konfetti-Muffins
Für Kinder

Für den Teig: 150 g Weizenmehl • 2 gestr. TL Dr. Oetker Backin • 100 g Zucker • 100 g abgezogene, gemahlene Mandeln • 1 Prise Salz • 150 ml Buttermilch • 80 ml neutrales Speiseöl • 2 Eier (Größe M) • 150 g bunte Mini-Schokolinsen

1. Den Backofen vorheizen.
Ober-/Unterhitze: etwa 180 °C
Heißluft: etwa 160 °C

2. Für den Teig Mehl, Backpulver, Zucker, Mandeln und Salz in einer Rührschüssel mit einem Schneebesen verrühren.

3. Buttermilch, Speiseöl und Eier in einem Rührbecher mit dem Schneebesen verrühren. Die flüssigen Zutaten zu der Mehl-Mandel-Mischung in die Rührschüssel geben und zu einem glatten Teig verrühren. Die Schokolinsen mit einem Löffel unterrühren.

4. Den Teig in eine Muffinform (für 12 Muffins, gefettet, gemehlt) füllen. Die Form auf dem Rost in den vorgeheizten Backofen schieben. Muffins **etwa 25 Minuten backen.**

5. Die Form auf einen Kuchenrost stellen. Muffins etwa 5 Minuten in der Form abkühlen lassen, dann aus der Form lösen und auf dem Kuchenrost erkalten lassen.

Tipps: Wenn Sie keine Mini-Schokolinsen bekommen, nehmen Sie die großen und hacken diese in kleine Stücke.

Nach Belieben zum Garnieren: 50 g Vollmilch-Schokolade in Stücke brechen, mit 1/2 Teelöffel Speiseöl in einem kleinen Topf im heißen Wasserbad bei schwacher Hitze unter Rühren schmelzen. Schokolade mit einem Teelöffel streifenweise auf die erkalteten Muffins geben. Mit 50 g Mini-Schokolinsen bestreuen. Schokolade fest werden lassen **(Foto)**.

Zubereitungszeit: 25 Minuten, ohne Abkühlzeit
Backzeit: etwa 25 Minuten

12 Stück • Pro Stück:
E: 4 g, F: 17 g, Kh: 26 g, kJ: 1165, kcal: 278, BE: 2,0

Himbeer-Kokos-Muffins
Für Kinder

Für den Teig: 170 g Weizenmehl • 100 g Kokosraspel • 3 gestr. TL Dr. Oetker Backin • 1 Prise Salz • 120 g Zucker • 1 Pck. Dr. Oetker Vanillin-Zucker • 200 ml Buttermilch • 70 ml neutrales Speiseöl • 1 Ei (Größe M) • 300 g TK-Himbeeren
Für den Belag: 150 g Mascarpone (ital. Frischkäse) • 1 EL Buttermilch • 50 g Himbeergelee
Außerdem: 12 Papier- oder Silikonbackförmchen

1. Den Backofen vorheizen.
Ober-/Unterhitze: etwa 180 °C
Heißluft: etwa 160 °C

2. Für den Teig Mehl, Kokosraspel, Backpulver, Salz, Zucker und Vanillin Zucker in einer Rührschüssel mit einem Schneebesen verrühren.

3. Buttermilch, Speiseöl und Ei in einem Rührbecher mit dem Schneebesen glatt rühren. Die flüssigen Zutaten zu der Mehl-Kokosraspel-Mischung in die Rührschüssel geben und zu einem glatten Teig verrühren. Die Hälfte der gefrorenen Himbeeren mit einem Löffel unterheben, sehr große Himbeeren vorher etwas zerkleinern.

4. Den Teig in eine Muffinform (für 12 Muffins, mit Papierbackförmchen ausgelegt oder Silikonbackförmchen) füllen. Die restlichen Himbeeren darauf verteilen. Die Form(en) auf dem Rost in den vorgeheizten Backofen schieben. Muffins **etwa 25 Minuten backen.**

5. Die Form(en) auf einen Kuchenrost stellen. Muffins etwa 5 Minuten stehen lassen, dann aus der Form lösen und auf dem Kuchenrost erkalten lassen.

6. Für den Belag Mascarpone und Buttermilch mit dem Schneebesen glatt rühren. Himbeergelee zerteilen und unterrühren, sodass kleine Stücke erhalten bleiben. Masse auf den Muffins verteilen.

Zubereitungszeit: 25 Minuten, ohne Abkühlzeit
Backzeit: etwa 30 Minuten

12 Stück • Pro Stück:
E: 3 g, F: 12 g, Kh: 35 g, kJ: 1117, kcal: 267, BE: 3,0

Muffins mit Schoko-Rosinen und Whisky

Mit Alkohol

Für den Teig: 200 g Weizenmehl • 2 gestr. TL Dr. Oetker Backin • 120 g Zucker • 1 Pck. Dr. Oetker Vanillin-Zucker • 100 ml Buttermilch • 4 EL Whisky • 100 ml neutrales Speiseöl • 1 Ei (Größe M) • 200 g Schoko-Rosinen
Zum Bestäuben: 1 EL Puderzucker
Außerdem: 12 Papierbackförmchen

1. Den Backofen vorheizen.
Ober-/Unterhitze: etwa 180 °C
Heißluft: etwa 160 °C

2. Für den Teig Mehl, Backpulver, Zucker und Vanillin-Zucker in einer Rührschüssel mit einem Schneebesen verrühren.

3. Buttermilch, Whisky, Speiseöl und Ei in einem Rührbecher mit dem Schneebesen verrühren. Die flüssigen Zutaten zu der Mehlmischung in die Rührschüssel geben und zu einem glatten Teig verrühren. Drei Viertel der Schoko-Rosinen unterrühren.

4. Den Teig in eine Muffinform (für 12 Muffins, mit Papierbackförmchen ausgelegt) füllen und mit den restlichen Schoko-Rosinen bestreuen. Die Form auf dem Rost in den vorgeheizten Backofen schieben. Muffins **etwa 30 Minuten backen.**

5. Die Form auf einen Kuchenrost stellen. Muffins etwa 5 Minuten in der Form abkühlen lassen, dann aus der Form nehmen und auf dem Kuchenrost erkalten lassen.

6. Die Muffins vor dem Servieren mit Puderzucker bestäuben.

Tipps: Whisky kann durch Rum oder Weinbrand ersetzt werden. Für eine Variante ohne Alkohol einfach 4 Esslöffel mehr Buttermilch unter den Teig rühren.
Statt Schoko-Rosinen können Sie auch 200 g gut abgetropfte Sauerkirschen (aus dem Glas) unter den Teig heben **(Titelfoto)**.

Zubereitungszeit: 20 Minuten, ohne Abkühlzeit
Backzeit: etwa 25 Minuten

12 Stück • Pro Stück:
E: 5 g, F: 18 g, Kh: 33 g, kJ: 1325, kcal: 317, BE: 3,0

Dinkel-Nuss-Muffins

Für den Nachmittags-Kaffee

Zutaten: 170 g Dinkelmehl (Type 630) • 100 g gemahlene Haselnusskerne • 3 gestr. TL Dr. Oetker Backin • 1 Prise Salz • 130 g Zucker • 1 Pck. Dr. Oetker Vanillin-Zucker • 200 ml Buttermilch • 70 ml Speiseöl, z. B. Sonnenblumenöl • 2 Eier (Größe M)
Zum Verzieren: 200 g Nuss-Nougat-Creme

1. Den Backofen vorheizen.
Ober-/Unterhitze: etwa 180 °C
Heißluft: etwa 160 °C

2. Dinkelmehl, Haselnusskerne, Backpulver, Salz, Zucker und Vanillin-Zucker in eine Rührschüssel geben und mit einem Schneebesen verrühren.

3. Buttermilch, Speiseöl und Eier in einem Rührbecher mit dem Schneebesen verrühren. Die flüssigen Zutaten zu der Nuss-Mehl-Mischung in die Rührschüssel geben und zu einem glatten Teig verrühren.

4. Den Teig in eine Muffinform (für 12 Muffins, gefettet, gemehlt) geben. Die Form auf dem Rost in den vorgeheizten Backofen schieben. Muffins **etwa 25 Minuten backen.**

5. Die Form auf einen Kuchenrost stellen. Muffins etwa 5 Minuten in der Form abkühlen lassen, dann vorsichtig aus der Form lösen und auf dem Kuchenrost erkalten lassen.

6. Zum Verzieren mit einem Teelöffel je einen dicken Klecks Nuss-Nougat-Creme auf die Muffins geben.

Tipps: Dinkelmehl (Type 630) ist in den meisten Supermärkten erhältlich, es ist feiner als das Vollkornmehl. Dinkelmehl schmeckt intensiver als Weizenmehl.

Nach Belieben jedes Muffinförmchen vor dem Einfüllen des Teiges mit Backpapier-Quadraten auslegen **(Foto)**.

Zubereitungszeit: 25 Minuten, ohne Abkühlzeit
Backzeit: etwa 30 Minuten

12 Stück • Pro Stück:
E: 4 g, F: 8 g, Kh: 30 g, kJ: 898, kcal: 214, BE: 2,5

Prinzess-Muffins

Fruchtig

Zum Vorbereiten: 265 g abgetropfte Aprikosenhälften (aus der Dose)
Für den Teig: 200 g Weizenmehl • 2 gestr. TL Dr. Oetker Backin • 150 g Zucker • 1 Prise Salz • 50 g gehackte Mandeln • 100 ml Buttermilch • 50 ml neutrales Speiseöl • 2 Eier (Größe M)
Zum Bestäuben: 1 EL Puderzucker

1. Den Backofen vorheizen.
Ober-/Unterhitze: etwa 180 °C
Heißluft: etwa 160 °C

2. Zum Vorbereiten Aprikosenhälften in sehr kleine Würfel schneiden.

3. Für den Teig Mehl, Backpulver, Zucker, Salz und Mandeln in einer Rührschüssel mit einem Schneebesen verrühren.

4. Buttermilch, Speiseöl und Eier in einem Rührbecher mit dem Schneebesen verrühren. Die flüssigen Zutaten zu der Mehl-Mandel-Mischung in die Rührschüssel geben und zu einem glatten Teig verrühren. Aprikosenwürfel mit einem Löffel unterrühren.

5. Den Teig in eine Muffinform (für 12 Muffins, gefettet, gemehlt) füllen. Die Form auf dem Rost in den vorgeheizten Backofen schieben. Muffins **etwa 30 Minuten backen.**

6. Die Form auf einen Kuchenrost stellen. Muffins etwa 5 Minuten in der Form abkühlen lassen, dann aus der Form lösen und auf dem Kuchenrost erkalten lassen.

7. Die Muffins vor dem Servieren mit Puderzucker bestäuben.

Tipps: Die Mandeln vorher in einer Pfanne ohne Fett unter Rühren goldbraun rösten, dann schmecken sie noch intensiver. Statt Mandeln schmecken auch grob gehackte Pinienkerne sehr gut.

Um ein Streifenmuster aus Puderzucker auf die Muffins zu bekommen, legen Sie einfach den Backofenrost auf die Muffins und stäuben dann den Puderzucker darauf. Rost vorsichtig abheben.

Zubereitungszeit: 20 Minuten, ohne Abkühlzeit
Backzeit: etwa 30 Minuten

12 Stück • Pro Stück:
E: 3 g, F: 8 g, Kh: 26 g, kJ: 782, kcal: 187, BE: 2,0

Birnen-Muffins mit Kardamom

Fruchtig-pikant

Für den Teig: 100 g Weizenmehl • 50 g nicht abgezogene, gemahlene Mandeln • 20 g gesiebtes Kakaopulver • ½ TL gemahlener Kardamom • 2 gestr. TL Dr. Oetker Backin • 1 Prise Salz • 90 g Zucker • 175 g Schlagsahne • 1 Ei (Größe M) • 460 g abgetropfte Birnenhälften (aus der Dose)
Zum Bestreichen: 70 g Apfel- oder Quittengelee
Außerdem: 12 Papierbackförmchen

1. Den Backofen vorheizen.
Ober-/Unterhitze: etwa 180 °C
Heißluft: etwa 160 °C

2. Für den Teig Mehl, Mandeln, Kakao, Kardamom, Backpulver, Salz und Zucker in einer Rührschüssel mit einem Schneebesen verrühren.

3. Sahne und Ei in einem Rührbecher mit dem Schneebesen glatt rühren. Die flüssigen Zutaten zu der Mehl-Kakao-Mischung in die Rührschüssel geben und zu einem glatten Teig verrühren.

4. Sechs Birnenhälften quer in Scheiben schneiden. Restliche Birnenhälften in sehr kleine Würfel schneiden. Birnenwürfel mit einem Löffel unter den Teig heben.

5. Den Teig in eine Muffinform (für 12 Muffins, mit Papierbackförmchen ausgelegt) geben. Die Birnenscheiben darauf verteilen. Die Form auf dem Rost in den vorgeheizten Backofen schieben. Muffins **etwa 30 Minuten backen.**

6. Die Form auf einen Kuchenrost stellen. Muffins etwa 5 Minuten in der Form abkühlen lassen, dann aus der Form heben und auf dem Kuchenrost erkalten lassen.

7. Zum Bestreichen Gelee in einem kleinen Topf unter Rühren aufkochen. Die Muffins damit bestreichen und trocknen lassen.

Tipp: Die Muffins können auch, anstelle von Kardamom, mit gemahlenem Zimt oder Lebkuchengewürz zubereitet werden.

Zubereitungszeit: 20 Minuten, ohne Abkühlzeit
Backzeit: etwa 25 Minuten

12 Stück • Pro Stück:
E: 3 g, F: 11 g, Kh: 28 g, kJ: 938, kcal: 224, BE: 2,5

Mohn-Muffins
Einfach

Für den Teig: 200 g Weizenmehl • 2 gestr. TL Dr. Oetker Backin • 120 g brauner Zucker (Rohrzucker) • 2 EL (15 g) Mohnsamen • ½ Pck. Dr. Oetker Finesse Geriebene Zitronenschale • 1 Msp. Dr. Oetker Finesse Orangenschalen-Aroma • 150 g saure Sahne (10 % Fett) • 3 EL Milch • 100 ml neutrales Speiseöl • 1 Ei (Größe M)
Für den Guss: 70 g Puderzucker • 3–4 TL Zitronensaft • 1 TL Mohnsamen
Außerdem: 12 Papierbackförmchen

1. Den Backofen vorheizen.
Ober-/Unterhitze: etwa 180 °C
Heißluft: etwa 160 °C

2. Für den Teig Mehl, Backpulver, Zucker, Mohnsamen, Zitronenschale und Orangenschalen-Aroma in einer Rührschüssel mit einem Schneebesen verrühren.

3. Saure Sahne, Milch, Speiseöl und Ei in einem Rührbecher mit dem Schneebesen verrühren. Die flüssigen Zutaten zu der Mehl-Mohn-Mischung in die Rührschüssel geben und zu einem glatten Teig verrühren.

4. Den Teig in eine Muffinform (für 12 Muffins, mit Papierbackförmchen ausgelegt) füllen. Die Form auf dem Rost in den vorgeheizten Backofen schieben. Muffins **etwa 25 Minuten backen.**

5. Die Form auf einen Kuchenrost stellen. Muffins etwa 5 Minuten in der Form abkühlen lassen, dann aus der Form nehmen und auf dem Kuchenrost erkalten lassen.

6. Für den Guss Puderzucker und Zitronensaft mit einem Löffel zu einem dickflüssigen Guss verrühren, Mohnsamen unterrühren. Den Guss mit einem Löffel auf die Muffins geben und trocknen lassen.

Zubereitungszeit: 25 Minuten, ohne Abkühlzeit
Backzeit: etwa 25 Minuten

12 Stück • Pro Stück:
E: 6 g, F: 8 g, Kh: 40 g, kJ: 1084, kcal: 259, BE: 3,5

Quark-Muffins mit Karamell

Für Kinder

Für den Teig: 250 g Sahne Muh Muhs (Sahne Toffees) • 100 g Schlagsahne • 120 g Weizenmehl • 20 g Weichweizengrieß • 2 gestr. TL Dr. Oetker Backin • 90 g brauner Zucker (Rohrzucker) • 1 Pck. Dr. Oetker Bourbon-Vanille-Zucker • 1 Prise Salz • 250 g Magerquark • 2 EL Speiseöl • 2 Eier (Größe M)

1. Den Backofen vorheizen.
Ober-/Unterhitze: etwa 180 °C
Heißluft: etwa 160 °C

2. Für den Teig Sahne Toffees auswickeln. 6 Sahne Toffees für den Belag beiseitelegen. Restliche Sahne Toffees in grobe Stücke hacken. Sahne und gehackte Toffees in einen Topf geben. Toffees unter Rühren bei mittlerer Hitze in der Sahne schmelzen. Sahnemasse in einen Rührbecher geben.

3. Mehl, Weichweizengrieß, Backpulver, Zucker, Vanille-Zucker und Salz in einer Rührschüssel mit einem Schneebesen verrühren.

4. Quark, Speiseöl und Eier zur warmen Sahnemasse geben und mit dem Schneebesen verrühren.

5. Die flüssigen Zutaten zu der Mehl-Grieß-Mischung in die Rührschüssel geben und zu einem glatten Teig verrühren. Den Teig in eine Muffinform (für 12 Muffins, gefettet, gemehlt) füllen.

6. Beiseitegelegte Sahne Toffees quer in Scheiben schneiden und auf dem Teig verteilen. Die Form auf dem Rost in den vorgeheizten Backofen schieben. Muffins **etwa 25 Minuten backen.**

7. Die Form auf einen Kuchenrost stellen. Muffins etwa 5 Minuten in der Form abkühlen lassen, dann aus der Form lösen und auf dem Kuchenrost erkalten lassen.

Zubereitungszeit: 25 Minuten, ohne Abkühlzeit
Backzeit: etwa 25 Minuten

12 Stück • Pro Stück:
E: 3 g, F: 9 g, Kh: 41 g, kJ: 1070, kcal: 256, BE: 3,5

Mango-Maracuja-Muffins

Exotisch

Zutaten: 1 reife Mango (etwa 350 g) • 200 g Weizenmehl • 30 g Speisestärke • 3 gestr. TL Dr. Oetker Backin • 1 Prise Salz • 120 g Zucker • 150 ml Mango-Maracuja-Nektar • 80 ml Speiseöl, z. B. Distelöl • 1 Ei (Größe M)
Für den Guss: 150 g Puderzucker • 1 EL Mango-Maracuja-Nektar • 2–3 TL Zitronensaft • 1 EL gehackte Pistazienkerne
Außerdem: 12 Papierbackförmchen

1. Den Backofen vorheizen.
Ober-/Unterhitze: etwa 180 °C
Heißluft: etwa 160 °C

2. Mango in der Mitte längs durchschneiden. Den Stein herausnehmen. Mangohälften schälen, zuerst in breite Streifen schneiden, dann in etwa ½ cm große Würfel schneiden (ergibt etwa 200 g).

3. Mehl, Speisestärke, Backpulver, Salz und Zucker in einer Rührschüssel mit einem Schneebesen verrühren. Nektar, Speiseöl und Ei in einem Rührbecher mit dem Schneebesen verrühren. Die flüssigen Zutaten zu der Mehlmischung in die Rührschüssel geben und zu einem glatten Teig verrühren. Mangowürfel unterheben.

4. Den Teig in eine Muffinform (für 12 Muffins, mit Papierbackförmchen ausgelegt) geben. Die Form auf dem Rost in den vorgeheizten Backofen schieben. Muffins **etwa 25 Minuten backen.**

5. Die Form auf einen Kuchenrost stellen. Muffins etwa 5 Minuten in der Form abkühlen lassen, dann vorsichtig aus der Form lösen und auf dem Kuchenrost erkalten lassen.

6. Für den Guss Puderzucker mit Nektar und Zitronensaft zu einer dickflüssigen Masse verrühren, mit einem Teelöffel auf die Muffins streichen und sofort mit Pistazienkernen bestreuen. Guss trocknen lassen.

Tipps: Wenn Sie keine frische Mango bekommen, können Sie auch 200 g abgetropfte Mangoscheiben (aus der Dose) verwenden. Als Alternative eignen sich auch 200 g abgetropfte, klein geschnittene Ananasstücke (aus der Dose).

Zubereitungszeit: 20 Minuten, ohne Abkühlzeit
Backzeit: etwa 25 Minuten

12 Stück • Pro Stück:
E: 4 g, F: 11 g, Kh: 29 g, kJ: 976, kcal: 233, BE: 2,5

Schoko-Ingwer-Muffins

Würzig – mal was anderes

Für den Teig: 40 g gezuckerte Ingwerstücke • 170 g Weizenmehl • 20 g gesiebtes Kakaopulver • 100 g Zartbitter-Raspelschokolade • 3 gestr. TL Dr. Oetker Backin • 1 Prise Salz • 130 g brauner Zucker (Rohrzucker) • 250 g Schlagsahne • 2 Eier (Größe M)

1. Den Backofen vorheizen.
Ober-/Unterhitze: etwa 180 °C
Heißluft: etwa 160 °C

2. Für den Teig Ingwerstücke sehr fein hacken, mit Mehl, Kakao, Raspelschokolade, Backpulver, Salz und Zucker in einer Rührschüssel mit einem Schneebesen verrühren.

3. Sahne und Eier in einem Rührbecher glatt rühren. Die flüssigen Zutaten zu der Mehl-Schokoladen-Mischung in die Rührschüssel geben und zu einem glatten Teig verrühren.

4. Den Teig in eine Muffinform (für 12 Muffins, gefettet, gemehlt) geben. Die Form auf dem Rost in den vorgeheizten Backofen schieben. Muffins **etwa 25 Minuten backen.**

5. Die Form auf einen Kuchenrost stellen. Muffins etwa 5 Minuten in der Form abkühlen lassen, dann aus der Form lösen und auf dem Kuchenrost erkalten lassen.

Tipps: Die Muffins schmecken auch lauwarm sehr gut, z. B. mit halbsteif geschlagener Schlagsahne.

Wer den etwas scharfen Geschmack von Ingwer nicht mag, kann den Ingwer einfach weglassen oder stattdessen klein geschnittene Soft-Aprikosen verwenden.

Zubereitungszeit: 20 Minuten, ohne Abkühlzeit
Backzeit: etwa 25 Minuten

12 Stück • Pro Stück:
E: 3 g, F: 9 g, Kh: 32 g, kJ: 912, kcal: 218, BE: 2,5

Rote Frucht-Muffins
Sehr saftig

Für den Teig: 120 g Weizenmehl • 50 g Weichweizengrieß • 1 Pck. Rote Grütze Pudding-Pulver Himbeer-Geschmack • 2 gestr. TL Dr. Oetker Backin • 150 g Zucker • 1 Pck. Dr. Oetker Vanillin-Zucker • 80 ml Buttermilch • 80 ml neutrales Speiseöl • 2 Eier (Größe M)
Für den Belag: 300 g TK-Gemischte Beeren
Zum Bestäuben: 1 EL Puderzucker

1. Den Backofen vorheizen.
Ober-/Unterhitze: etwa 180 °C
Heißluft: etwa 160 °C

2. Für den Teig Mehl, Weichweizengrieß, Pudding-Pulver, Backpulver, Zucker und Vanillin-Zucker in einer Rührschüssel mit einem Schneebesen verrühren.

3. Buttermilch, Speiseöl und Eier in einem Rührbecher mit dem Schneebesen verrühren. Die flüssigen Zutaten zu der Mehl-Grieß-Mischung in die Rührschüssel geben und zu einem glatten Teig verrühren. Den Teig in eine Muffinform (für 12 Muffins, gefettet, gemehlt) füllen.

4. Die gefrorenen Beeren darauf verteilen und leicht in den Teig drücken. Die Form auf dem Rost in den vorgeheizten Backofen schieben. Muffins **etwa 25 Minuten backen.**

5. Die Form auf einen Kuchenrost stellen. Muffins etwa 5 Minuten in der Form abkühlen lassen, dann vorsichtig mit einem Messer aus der Form lösen und auf dem Kuchenrost erkalten lassen.

6. Die Muffins vor dem Servieren mit Puderzucker bestäuben.

Zubereitungszeit: 25 Minuten, ohne Abkühlzeit
Backzeit: etwa 25 Minuten

12 Stück • Pro Stück:
E: 3 g, F: 9 g, Kh: 29 g, kJ: 864, kcal: 206, BE: 2,5

Mandarinen-Vanille-Muffins
Fruchtig

Für den Teig: 170 g Weizenmehl • 1 Pck. Gala Bourbon-Vanille-Pudding-Pulver • 3 gestr. TL Dr. Oetker Backin • 1 Prise Salz • 120 g Zucker • 150 ml Milch • 80 ml neutrales Speiseöl, z. B. Sonnenblumenöl • 1 Ei (Größe M) • 350 g abgetropfte Mandarinen (aus der Dose)

1. Den Backofen vorheizen.
Ober-/Unterhitze: etwa 180 °C
Heißluft: etwa 160 °C

2. Für den Teig Mehl, Pudding-Pulver, Backpulver, Salz und Zucker in einer Rührschüssel mit einem Schneebesen verrühren.

3. Milch, Speiseöl und Ei in einem Rührbecher mit dem Schneebesen verrühren. Die flüssigen Zutaten zu der Mehl-Pudding-Pulver-Mischung in die Rührschüssel geben und zu einem glatten Teig verrühren. Die Hälfte der Mandarinen unterheben.

4. Den Teig in eine Muffinform (für 12 Muffins, gefettet, gemehlt) geben und mit den restlichen Mandarinen belegen.

5. Die Form auf dem Rost in den vorgeheizten Backofen schieben. Muffins **etwa 25 Minuten backen.**

6. Die Form auf einen Kuchenrost stellen. Muffins etwa 5 Minuten in der Form abkühlen lassen, dann aus der Form lösen und auf dem Kuchenrost erkalten lassen.

Tipps: Sehr große Mandarinenstücke halbieren.

Die Muffins glänzen, wenn sie mit Aprikosenkonfitüre bestrichen werden. Dafür 80 g Aprikosenkonfitüre pürieren oder durch ein Sieb streichen, mit einem Esslöffel Wasser verrühren und aufkochen lassen. Die heißen Muffins damit bestreichen und erkalten lassen.

Zubereitungszeit: 25 Minuten, ohne Abkühlzeit
Backzeit: etwa 25 Minuten

12 Stück • Pro Stück:
E: 4 g, F: 10 g, Kh: 22 g, kJ: 805, kcal: 192, BE: 2,0

Apfel-Sahne-Muffins
Raffiniert

Zum Vorbereiten: 2 Äpfel (etwa 250 g), z. B. Gala oder Braeburn • 1 EL Zitronensaft • 4 Scheiben Buttertoast (etwa 100 g)
Für den Teig: 100 g Weizenmehl • 1 gestr. TL Dr. Oetker Backin • 100 g Zucker • 1 Pck. Dr. Oetker Vanillin-Zucker • 1 Prise Salz • 200 g Schlagsahne • 1 EL neutrales Speiseöl • 2 Eier (Größe M) • 40 g gestiftelte Mandeln

1. Den Backofen vorheizen.
Ober-/Unterhitze: etwa 180 °C
Heißluft: etwa 160 °C

2. Zum Vorbereiten Äpfel heiß abspülen, trocken tupfen, vierteln und entkernen. Apfelviertel quer in Scheiben schneiden und mit Zitronensaft beträufeln. Toastbrotscheiben entrinden und in kleine Würfel schneiden.

3. Für den Teig Mehl, Backpulver, Zucker, Vanillin-Zucker und Salz in einer Rührschüssel mit einem Schneebesen verrühren.

4. Sahne, Speiseöl und Eier in einem Rührbecher mit dem Schneebesen verrühren.

5. Die flüssigen Zutaten zu der Mehlmischung in die Rührschüssel geben und zu einem glatten Teig verrühren. Toastbrotwürfel und Apfelscheiben mit einem Löffel unterrühren.

6. Den Teig in eine Muffinform (für 12 Muffins, gefettet, gemehlt) füllen. Mandeln darauf verteilen. Die Form auf dem Rost in den vorgeheizten Backofen schieben. Muffins **etwa 25 Minuten backen.**

7. Die Form auf einen Kuchenrost stellen. Muffins etwa 5 Minuten in der Form abkühlen lassen, dann aus der Form lösen und auf dem Kuchenrost erkalten lassen.

Tipps: Vor dem Servieren 50 ml Apfelsaft und 100 g Apfel- oder rotes Johannisbeergelee erhitzen, glatt rühren und auf die Muffins geben.

Die Muffins schmecken warm besonders gut. Die Muffins können auch mit Nektarinen zubereitet werden.

Zubereitungszeit: 20 Minuten, ohne Abkühlzeit
Backzeit: etwa 25 Minuten

12 Stück • Pro Stück:
E: 5 g, F: 17 g, Kh: 22 g, kJ: 1084, kcal: 260, BE: 2,0

Studentenfutter-Muffins

Für jeden Tag

Zum Vorbereiten: 200 g Studentenfutter (Mischung aus Rosinen, Mandeln, Paranuss-, Cashew- und Haselnusskernen)
Für den Teig: 100 g Weizenmehl • 30 g Haferflocken, blütenzart • 3 gestr. TL Dr. Oetker Backin • 1 Prise Salz • 100 g brauner Zucker (Rohrzucker) • 150 g Joghurt • 2 Eier (Größe M) • 100 ml neutrales Speiseöl, z. B. Sonnenblumenöl

1. Zum Vorbereiten Studentenfutter fein hacken (Blitzhacker oder Universalzerkleinerer).

2. Den Backofen vorheizen.
Ober-/Unterhitze: etwa 180 °C
Heißluft: etwa 160 °C

3. Für den Teig Mehl, Haferflocken, Backpulver, Salz, Zucker und fein gehacktes Studentenfutter in einer Rührschüssel mit einem Schneebesen verrühren.

4. Joghurt, Eier und Speiseöl in einem Rührbecher mit dem Schneebesen glatt rühren. Die flüssigen Zutaten zu der Mehl-Nuss-Mischung in die Rührschüssel geben und zu einem glatten Teig verrühren.

5. Den Teig in eine Muffinform (für 12 Muffins, gefettet, gemehlt) geben. Die Form auf dem Rost in den vorgeheizten Backofen schieben. Muffins **etwa 25 Minuten backen.**

6. Die Form auf einen Kuchenrost stellen. Muffins etwa 5 Minuten in der Form abkühlen lassen, dann aus der Form lösen und auf dem Kuchenrost erkalten lassen.

Tipp: (Foto) Für den Belag 50 g Vollmilch-Schokolade klein hacken, mit ½ Teelöffel Speiseöl in einem kleinen Topf im heißen Wasserbad bei schwacher Hitze unter Rühren schmelzen. 50 g Studentenfutter fein hacken und unter die Schokolade rühren. Die Schoko-Nuss-Masse auf den erkalteten Muffins verteilen und fest werden lassen.

Zubereitungszeit: 25 Minuten, ohne Abkühlzeit
Backzeit: etwa 20 Minuten

12 Stück • Pro Stück:
E: 4 g, F: 15 g, Kh: 31 g, kJ: 1142, kcal: 273, BE: 2,5

Mohn-Streusel-Muffins

Für den Nachmittags-Kaffee (Titelfoto)

Für den Teig: 200 g Weizenmehl • 2 gestr. TL Dr. Oetker Backin • 120 g Zucker • 2 Pck. Dr. Oetker Bourbon-Vanille-Zucker • 150 g Crème fraîche • 100 ml neutrales Speiseöl • 2 Eier (Größe M) • 20 g Mohnsamen
Für die Streusel: etwa 70 g Weizenmehl • 20 g Zucker
Zum Bestäuben: 1 EL Puderzucker

1. Den Backofen vorheizen.
Ober-/Unterhitze: etwa 180 °C
Heißluft: etwa 160 °C

2. Für den Teig Mehl, Backpulver, Zucker und Vanille-Zucker in einer Rührschüssel mit einem Schneebesen verrühren.

3. Crème fraîche, Speiseöl und Eier in einem Rührbecher mit dem Schneebesen verrühren. Die flüssigen Zutaten zu der Mehlmischung in die Rührschüssel geben und zu einem glatten Teig verrühren.

4. Zwei Esslöffel des Teiges abnehmen, in eine kleine Schüssel geben und beiseitestellen. Mohnsamen unter den restlichen Teig rühren. Den Mohnteig in eine Muffinform (für 12 Muffins, gefettet, gemehlt) füllen.

5. Für die Streusel Mehl und Zucker zum beiseitegestellten Teig in die Schüssel geben, zuerst mit einem Löffel, dann mit den Fingern zu Streuseln verarbeiten. Die Teigstreusel auf dem Mohnteig verteilen.

6. Die Form auf dem Rost in den vorgeheizten Backofen schieben. Muffins **etwa 20 Minuten backen.**

7. Die Form auf einen Kuchenrost stellen. Muffins etwa 5 Minuten in der Form abkühlen lassen, dann aus der Form lösen und auf dem Kuchenrost erkalten lassen.

8. Die Muffins vor dem Servieren mit Puderzucker bestäuben.

Tipp: Sollte der Teig für die Streusel zu weich sein, noch etwas Mehl hinzugeben. Ist er zu fest geworden, etwas kaltes Wasser unterarbeiten.

Alphabetisches Register

Allgemeine Hinweise zu den Rezepten

Lesen Sie bitte vor der Zubereitung – besser noch vor dem Einkauf – das Rezept einmal vollständig durch. Oft werden Arbeitsabläufe oder -zusammenhänge dann klarer.

Wenn Eier in einem Rezept nicht mitgebacken werden, nur ganz frische Eier verwenden, die nicht älter als 5 Tage sind (Legedatum beachten).

Zutatenliste
Die Zutaten sind in der Reihenfolge ihrer Verarbeitung aufgeführt.

Arbeitsschritte
Die Arbeitsschritte sind einzeln hervorgehoben, in der Reihenfolge, in der sie von uns ausprobiert wurden.

Backofeneinstellung
Die in den Rezepten angegebenen Backtemperaturen und -zeiten sind Richtwerte, die je nach individueller Hitzeleistung Ihres Backofens über- oder unterschritten werden können. Bitte beachten Sie deshalb bei der Einstellung des Backofens die Gebrauchsanleitung des Herstellers. Machen Sie nach Beendigung der angegebenen Backzeit eine Garprobe.

Die Temperaturangaben in diesem Buch beziehen sich auf Elektrobacköfen. Die Temperatureinstellungsmöglichkeiten für Gasbacköfen variieren je nach Hersteller, sodass wir keine allgemeingültigen Angaben machen können.

Zubereitungszeiten
Die Zubereitungszeit beinhaltet nur die Zeit für die eigentliche Zubereitung. Die Backzeiten sind gesondert ausgewiesen. Längere Wartezeiten wie z. B. Kühlzeiten sind nicht mit einbezogen.

Abkürzungen
EL = Esslöffel
TL = Teelöffel
Msp. = Messerspitze
Pck. = Packung/Päckchen
g = Gramm
kg = Kilogramm
ml = Milliliter
l = Liter
evtl. = eventuell
geh. = gehäuft
gestr. = gestrichen
TK = Tiefkühlprodukt
°C = Grad Celsius
Ø = Durchmesser

Kalorien-/ Nährwertangaben
E = Eiweiß
F = Fett
Kh = Kohlenhydrate
kcal = Kilokalorien
kJ = Kilojoule
BE = Broteinheiten

Für Fragen, Vorschläge oder Anregungen stehen Ihnen der Verbraucherservice der Dr. Oetker Versuchsküche
Telefon: 0 08 00 71 72 73 74 Mo.–Fr. 8:00–18:00 Uhr,
Sa. 9:00–15:00 Uhr (gebührenfrei in Deutschland)
oder die Mitarbeiter des Dr. Oetker Verlages
Telefon: +49 (0) 521 5206 50 Mo.–Fr. 9:00–15:00 Uhr zur Verfügung.
Schreiben Sie uns: Dr. Oetker Verlag KG, Am Bach 11, 33602 Bielefeld
oder besuchen Sie uns im Internet unter www.oetker.de.

Umwelthinweis Dieses Buch und der Einband wurden auf chlorfrei gebleichtem Papier gedruckt. Die Einschrumpffolie – zum Schutz vor Verschmutzung – ist aus umweltfreundlichem und recyclingfähigem PE-Material.

Redaktion Carola Reich, Annette Riesenberg

Innenfotos Fotostudio Diercks, Kai Boxhammer, Christiane Krüger, Hamburg (S. 6, 8, 10, 14, 18–28, 32–38, 42, 46–76)
Bernd Lippert (S. 12, 16)
Anke Politt, Hamburg (S. 5)
Brigitte Wegner, Bielefeld (S. 30, 40, 44)

Wir danken für die freundliche Unterstützung Coca-Cola, Berlin
Ludwig Schokolade, Bergisch-Gladbach

Nährwertberechnungen Nutri Service, Hennef

Grafisches Konzept kontur:design, Bielefeld
Titelgestaltung kontur:design, Bielefeld

Satz kontur:design, Bielefeld
Reproduktionen Otterbach Medien KG GmbH und Co., Rastatt
Druck und Bindung Druckerei Stürtz, Würzburg

ISBN 978-3-7670-0847-2